MW01711059

Jean Paul II

itinéraire personnel

Jean-Paul II, itinéraire personnel
est une publication de Sélection du Reader's Digest

Réalisation : Libris
Direction éditoriale : Paul André
Mise en page : Olivier Espinasse
Révision de texte : Laure Roussel

Avec la collaboration de l'équipe éditoriale
de Sélection du Reader's Digest
Direction éditoriale : Gérard Chenuet
Responsable de l'ouvrage : Christine de Colombel
Suivi de l'ouvrage : Bénédicte Robbe
Lecture-correction : Béatrice Argentier-Le Squer

© 2002, Libris
21, rue de la Tuilerie, 38170 Seyssinet-Pariset

Édition française :
© 2002, Sélection du Reader's Digest, SA
212, boulevard Saint-Germain, 75007 Paris
© 2002, NV Reader's Digest, SA
20, boulevard Paepsem, 1070 Bruxelles
© 2002, Sélection du Reader's Digest, SA
Räffelstrasse 11, "Gallushof", 8021 Zurich
© 2002, Sélection du Reader's Digest (Canada) Ltée
1100, boulevard René-Lévesque Ouest, Montréal, Québec H3B 5H5

ISBN : 2-7098-1335-1

Tous droits de traduction, d'adaptation et de reproduction,
sous quelque forme que ce soit, réservés pour tous pays.

Achevé d'imprimer : août 2002
Dépôt légal en France : février 2002
Dépôt légal en Belgique : D-2002-0621-30

Imprimé en CE
Printed in CE

Jean Paul II

itinéraire personnel

photographies de Grzegorz Galazka
texte de Marc-Henry André

Sélection du Reader's Digest

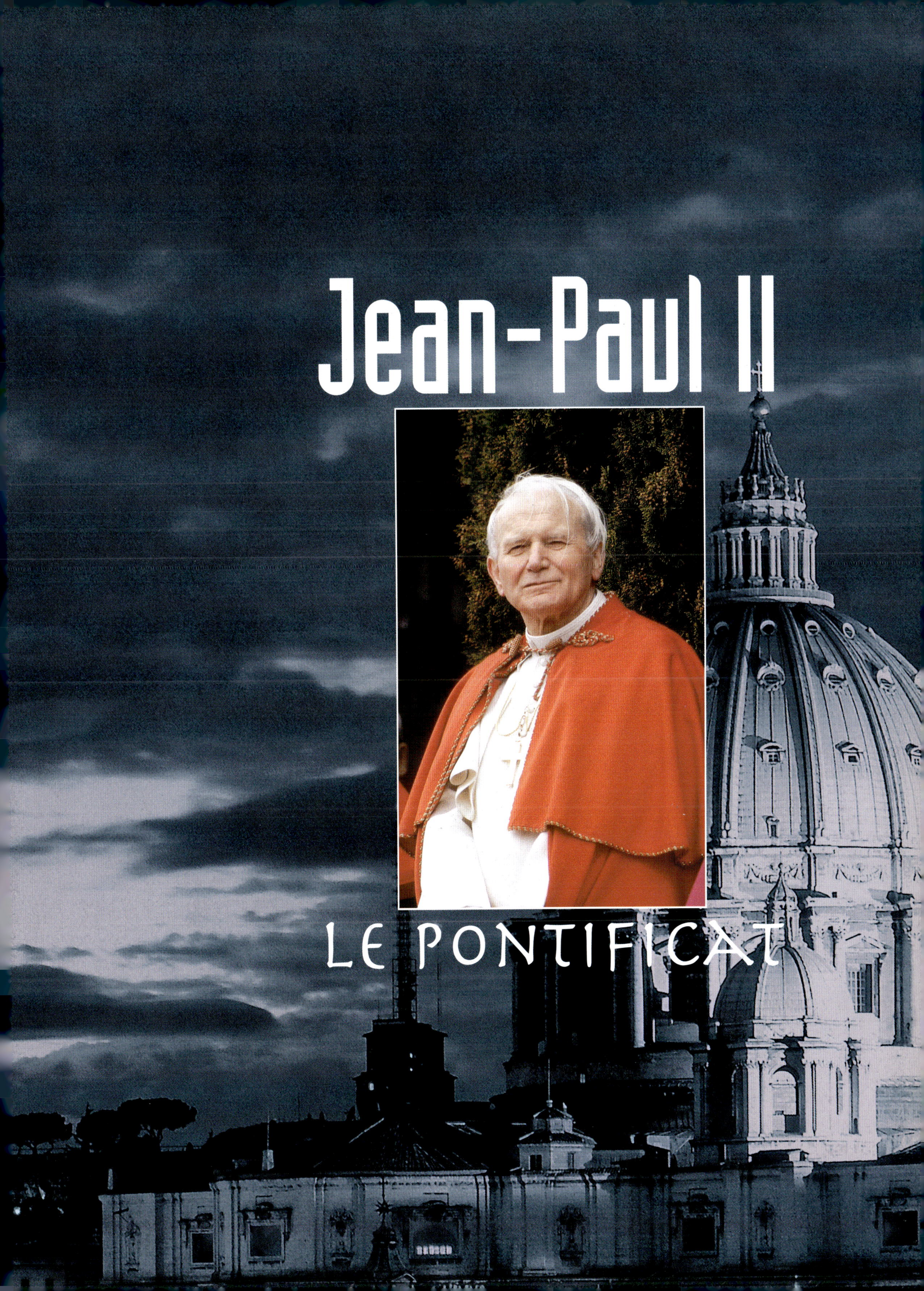

Jean-Paul II

LE PONTIFICAT

Jean-Paul II devient le 264e pape de l'Église catholique.

« Habemus papam Cardinalem Karol Wojtyla »

Octobre 1978.
Ils sont deux cent mille à faire le siège de la place Saint-Pierre : journalistes, officiels, Italiens, étrangers venus des quatre coins du globe, tous attendent le nouveau pape.
Ils veulent connaître son nom, le voir, l'acclamer. Loin de Rome, tout aussi impatients, des millions de fidèles sont suspendus à leur poste de radio.
Sur la place, les regards scrutent la fine cheminée qui surmonte la chapelle Sixtine.
Depuis l'ouverture du conclave, deux jours auparavant, le 14 octobre 1978, une fumée noire s'en échappe : les électeurs, des cardinaux principalement, ne parviennent pas à réunir la majorité requise pour désigner le successeur de Jean-Paul Ier : deux tiers, plus une voix. À 18 h 15, le 16 octobre, alors que le feu des projecteurs balaie la foule, une clameur monte : « *Elle est blanche, la fumée est blanche !* » L'émotion est retenue, prête à éclater.
Radio Vatican confirme que le vote est scellé.
De la loggia qui surplombe la place, le cardinal Felici s'avance au-dessus de la foule et prononce solennellement les mots rituels : « *habemus papam !* » Un grondement s'élève. Le prélat poursuit en latin : « *Dominum Carolus… cardinalem Karol Wojtyla.* » Silence.
Au lieu des cris d'émotion qui avaient accueilli l'élection de Jean-Paul Ier, une réaction interrogative saisit la foule.
« *Qui est-ce ?* », « *C'est un Noir ?* » demande-t-on aux journalistes. Le nom de Karol Wojtyla, inconnu du public, ne figure sur aucune liste de *papabili*, ces cardinaux susceptibles d'être élus. Les journalistes ne savent quoi répondre, abasourdis par le fait qu'un non-Italien ait pu être désigné évêque de Rome, successeur de saint Pierre, souverain pontife de l'Église universelle et chef d'État de la cité du Vatican.
Depuis 1522, des pontifes italiens ont succédé à des pontifes italiens. Seule une division du camp transalpin, lors du vote tenu dans le plus grand secret, peut expliquer une telle rupture. Est-ce que ce fut le cas ? Les premiers tours de scrutin avaient, dit-on, opposé les cardinaux Siri et Benelli, le premier représentant l'aile conservatrice de l'Église, le second les partisans d'une ouverture dans le prolongement du concile Vatican II. Les tours suivants ne firent que creuser le fossé qui séparait les deux camps avant même l'ouverture du conclave dans la chapelle Sixtine. Dès le sixième tour de scrutin, Karol Wojtyla était apparu comme l'homme du centre : issu de l'Église

polonaise réputée conservatrice, il était intervenu en faveur de la liberté de religion pendant le concile Vatican II, signe d'ouverture.
Au huitième tour, cet évêque âgé de cinquante-huit ans reçut quatre-vingt-dix-neuf voix sur cent huit.
Le cardinal qui présidait le conclave brisa le silence : *« Acceptes-tu ? Quel nom prends-tu ? » « J'accepte »*, répondit gravement Wojtyla, qui, par ces mots, devint le nouveau pape. Par fidélité à son prédécesseur, il choisit le nom de Jean-Paul II.
« E un Polacco ! E un Polacco ! », crie-t-on d'un bout à l'autre de la place Saint-Pierre. Sur le balcon, le groupe de cardinaux s'écarte pour laisser passer un homme robuste, droit dans sa soutane blanche, qui sort de l'ombre d'un pas décidé jusqu'à la hauteur du cardinal Felici. Il le dépasse, et surprend immédiatement les deux cent mille fidèles, encore sous le choc de l'annonce qui leur a été faite, en bouleversant le protocole. Appuyant fermement les mains sur le balcon, il se présente personnellement, en italien, avant de donner la traditionnelle bénédiction

Saint-Pierre, 14 octobre 1978. À l'annonce de l'élection de Karol Wojtyla, une réaction interrogative saisit la foule. « Qui est-ce ? » « E un Polacco ! E un Polacco ! »

urbi et orbi à la cité de Rome et au monde. *« Loué soit Jésus-Christ ! Chers frères et sœurs [...] Nous sommes encore tous affligés par la mort de notre bien-aimé Jean-Paul Ier. Et voilà que les éminents cardinaux ont appelé un nouvel évêque de Rome. Ils l'ont appelé d'un pays lointain ; lointain, mais toujours proche à travers la communion de la foi et la tradition chrétienne [...] Je redoutais cette nomination, mais je l'ai acceptée dans un esprit d'obéissance à notre Seigneur Jésus-Christ et de notre totale confiance en Sa mère, la très sainte Madone. J'ignore si je suis capable de me faire clairement comprendre en parlant votre... je veux dire, notre langue. Si je fais des fautes, n'hésitez pas à me corriger [...] »*
Le coup de foudre est immédiat. En quelques mots, Jean-Paul II a donné toute la mesure de son charisme. En s'adressant aux Romains dans leur langue et en déclarant que celle-ci était désormais la sienne, il séduit instantanément ses nouveaux paroissiens.

La mission pastorale

En Pologne, l'unique chaîne de télévision, contrôlée par l'État, ne transmet l'information que par un simple flash, les autorités ne sachant comment réagir face à un événement d'une telle ampleur.
Mais la nouvelle, relayée par les cloches des églises qui se mettent toutes à sonner, se répand comme une traînée de poudre à travers la nation. Des gens en liesse descendent dans la rue, allument des cierges, s'embrassent. La fierté qu'ils ressentent est double : un Polonais siège sur le trône le plus prestigieux du monde et ce Polonais ne s'est jamais soumis au pouvoir de l'État de son pays.
Jean-Paul II était le premier pape slave de l'Histoire.
Les autorités communistes misent rapidement sur la dimension patriotique de l'événement pour se l'approprier. Quand il s'agira d'accueillir le pape en Pologne, moins d'un an après son élection, plus personne ne sera dupe du soutien apporté par Jean-Paul II à une opposition que le syndicat Solidarité, dix ans plus tard, mènera triomphalement au pouvoir.
Une semaine plus tard, lors de l'inauguration officielle du ministère pontifical de Jean-Paul II, c'est une autre foule qui est rassemblée place Saint-Pierre. Celle-ci est plus sage et encadrée par les délégations officielles de nombreux pays, parmi lesquels l'URSS.
Le couronnement du 264e évêque de Rome n'a pas la splendeur des cérémonies d'autrefois. Le nouveau pontife refuse d'utiliser la *sedia gestatoria*, trône sur lequel les papes étaient jadis portés au-dessus de la foule des Romains.
Et, comme son prédécesseur, il abandonne le port de la tiare papale, symbole du triple pouvoir du Christ : prêtre, prophète et roi. Jean-Paul II souhaite incarner une Église de témoignage évangélique, non une Église de pouvoir.
Mais ces décisions, pour importantes qu'elles soient, ne réduisent en rien la portée mondiale de l'événement.

Appuyant fermement les mains sur le balcon, il se présente personnellement, et en italien.

« J'ignore si je suis capable de me faire clairement comprendre. Si je fais des fautes, n'hésitez pas à me corriger [...] »

« Moi, Jean-Paul II, évêque de Rome et successeur de Pierre, j'élève ma voix suppliante… je me fais la voix de ceux qui n'ont pas de voix, la voix des innocents qui sont morts parce que l'eau et le pain leur manquaient… »

En guise de réponse à une lettre de félicitations que lui ont expédiée les autorités polonaises, il envoie un télégramme au secrétaire général Edward Gierek dans lequel il souligne que l'histoire de la Pologne *« est liée depuis mille ans à la mission et au service de l'Église catholique. »* Dans les homélies qu'il prononce de la place Saint-Pierre, qui sont diffusées jusqu'en Pologne par Radio Free Europe, il évoque le sort des prêtres slaves, indirectement, mais dans un langage qui ne trompe personne. La pression qu'il exerce sur les autorités communistes culmine lorsqu'il annonce son *« souhait de venir* [en Pologne] *pour le neuf centième anniversaire de la mort de saint Stanislas »*, le 8 mai 1979. Les dirigeants du Parti, qui ne peuvent reporter indéfiniment le voyage pontifical, redoutent qu'un rapprochement de ce voyage avec l'histoire de Stanislas, qui avait affronté et vaincu un prince despotique par sa seule foi, ne fournisse un prétexte aux opposants pour provoquer des troubles de l'ordre. Ce que le pape veut lui aussi éviter à tout prix. La date est fixée au 2 juin 1979.

Les caméras de télévision retransmettent, dans le monde entier, les images de la première messe papale de Jean-Paul II.

Évêque de Rome

Plutôt jeune pour un pape (il a cinquante-huit ans), gros travailleur et farouchement indépendant, Jean-Paul II provoque à son arrivée un tremblement de terre dans la curie romaine. Habitués à l'attitude hiératique des précédents papes, qu'ils « gouvernaient » plus ou moins, les *Monsignori* du Saint-Siège doivent s'adapter à une personnalité imprévisible, sûre d'elle-même et qui est étrangère aux pratiques de la bureaucratie vaticane. En fait, Jean-Paul II agit comme le cardinal qu'il était. Entouré d'une petite armée de collaborateurs à Cracovie, Karol Wojtyla se déplaçait fréquemment dans son diocèse, au rythme des processions et des conférences épiscopales. Les réunions qu'il organisait alors rassemblaient journalistes, chefs d'entreprise, universitaires et autres participants qu'on appellerait aujourd'hui des partenaires sociaux. Bodhan Cywinski, ancien rédacteur en chef de la revue d'opposition *Znak*, participait activement au forum qui se tenait régulièrement à l'archevêché de Karol Wojtyla : *« Son synode cracovien est devenu dans notre pays une institution originale : y participent une centaine de personnes, dont de nombreux laïques. C'est tout dire. »* En forçant le trait, un biographe du pape ira jusqu'à qualifier cette période de mini-pontificat. Jean-Paul II n'a pas l'intention d'apprendre des fonctionnaires du Vatican son « métier » de pape. L'expérience pastorale qu'il a acquise à Cracovie constitue selon lui la meilleure préparation à l'exercice de son ministère comme chef de l'Église universelle. Il exprimera plus tard sa *« confiance dans le Saint-Esprit, qui appelait au siège de Pierre un cardinal possédant cette expérience, cette formation. »* Pour mémoire, nombre de ses prédécesseurs (Pie XII,

Basilique Saint-Pierre, ordination épiscopale et célébration de la sainte cène.

Jean XXIII, Paul VI...) furent nonces apostoliques avant de recevoir l'anneau du pécheur. Ambassadeurs du Saint-Siège, les nonces sont issus du clergé italien et reçoivent leur enseignement dans la prestigieuse école de nonciature du Vatican. Ils représentent le pape, leur autorité est donc considérée comme supérieure à celle d'un évêque, mais leur mission ne les met que rarement en contact avec l'homme de la rue.
Ce qui n'était pas le cas du cardinal Wojtyla.
Lors des funérailles de Paul VI, l'archevêque Agostino Casaroli, ancien ministre des Affaires étrangères du Saint-Siège, définissait le rôle du pape à un diplomate : *« Les décisions sont le fruit du travail collectif des divers organismes du Vatican. Elles résultent d'une analyse, d'une étude approfondie des problèmes. C'est ainsi qu'est déterminée la politique que nous suivons. Le pape ne fait qu'y mettre la touche finale. »*
Jean-Paul II, on le sait, ira beaucoup plus loin. Il ne se contente pas d'être le superviseur suprême de l'Église que fut Paul VI, connu pour rester des journées entières

C'est sur le tombeau de Pierre que l'empereur Constantin bâtit une première basilique sur laquelle fut construite la basilique Saint-Pierre où convergent aujourd'hui des millions de pèlerins.

Messe Chrismalle, basilique Saint-Pierre.

Les décisions sont le fruit du travail collectif des divers organismes du Vatican.

à son bureau. Il est aussi l'initiateur de ses projets de voyage, le rédacteur d'une œuvre qui promet d'être abondante (elle couvre aujourd'hui trois mètres de rayonnage) et, surtout, l'auteur de ces gestes symboliques qui font de lui un personnage universellement médiatique. Dans l'Église d'aujourd'hui, une improvisation du pape au beau milieu d'un discours a souvent plus d'impact et de popularité que certaines réformes poursuivies par l'institution qu'il dirige. C'est ainsi que Jean-Paul II, dès le début, entend exercer son ministère. Il puise son inspiration plus volontiers dans la prière que dans les rapports d'experts du Vatican, et cherche le contact avec la foule pour transmettre directement aux fidèles l'enseignement de foi qu'il a préalablement expérimenté en Pologne. En plus de vingt ans de ministère, il ne dérogera pas une seule fois à cet enseignement. Il sait surtout que son charisme constitue un atout formidable pour mener sa mission évangélisatrice dans le monde. Et, comme il est l'évêque de Rome, cette mission, offerte en exemple aux responsables de l'Église du monde entier, commence dans son propre diocèse. Ainsi, la première sortie du pape en dehors du Vatican a lieu le 29 octobre 1978 au sanctuaire de Mentorella, dans les environs de Rome. C'était là que Karol Wojtyla venait prier lors de ses visites dans la capitale italienne. « *La prière,* explique-t-il, *est la première tâche et presque le premier message d'un pape ; c'est aussi la condition première de son service dans l'Église et dans le monde.* » Il ne s'agit pas d'une visite officielle, mais déjà des milliers de personnes se dirigent spontanément dans le sillage du pontife.

La semaine suivante, Jean-Paul II effectue un déplacement à Assise, où l'on vénère saint François, patron de l'Italie. Noire de monde, la cité médiévale accueille le nouvel évêque de Rome dans l'ambiance frénétique d'un concert de rock. Dans les rues, aux fenêtres et jusque sur les toits, les Italiens acclament le pape sur son passage, courent vers un autre point d'où ils peuvent le saluer à nouveau… Ils trouvent dans cet homme à l'allure virile, qui leur présente les Évangiles comme source de solutions

Jean-Paul II puise son inspiration dans la prière plutôt que dans les rapports des experts du Vatican.

à leurs problèmes, sinon un appel vers la foi, du moins un exemple incontestable de courage. Sur les cinq continents, cette scène se répétera chaque fois que le pape partira à la rencontre des fidèles. Ces rassemblements populaires seront d'ailleurs critiqués, mais bien plus tard, quand des représentants de l'Église exprimeront leur crainte de voir ce culte de la personnalité réduire la portée du message que porte le pontife. Pour l'heure, Jean-Paul II découvre Rome et ses diocésains. Le pape est avant tout l'évêque de la ville éternelle ; de ce titre uniquement découle sa fonction de pape. Dans les faits, à cause de la multiplicité des tâches qui lui incombent, les affaires courantes du diocèse de Rome sont suivies par un cardinal-vicaire nommé par lui. Mais il importe à Jean-Paul II de se faire connaître des Romains. N'a-t-il pas reçu des cardinaux-électeurs mission « d'affermir ses frères dans la foi », comme l'avait fait Pierre pour les apôtres ? Comme le reste de l'Europe occidentale, Rome est touchée par un phénomène croissant de sécularisation. Les églises ne sont pas vides comme à Paris, mais la ville de la *dolce vita* paraît bien insouciante à côté de la pieuse Cracovie. Loin de se laisser décourager,

« L'Évangile ne saurait être confondue avec la politique. Vous êtes des prêtres et des religieux et non des chefs sociaux, des leaders politiques ou des fonctionnaires du pouvoir temporel. » (Aux prêtres).

Messe à Saint-Pierre des cardinaux réunis à l'occasion du synode extraordinaire du 7 avril 1991.

Au Vatican, épicentre du catholicisme, Jean-Paul II est entouré d'évêques venus du monde entier.

le nouveau pape cherche le contact avec les fidèles. De l'église Sainte-Marie-Sopra-Minerva, qui abrite les restes de Catherine de Sienne, à l'église de Garbatello, Jean-Paul II visite systématiquement, sans relâche, les principaux lieux de culte romains. Au cours des trois premiers mois de son pontificat, il rencontre presque toutes les communautés du diocèse. S'adressant aux treize mille jeunes qu'il rencontre le 29 novembre au cours d'une audience générale, il énonce les bases des règles qui sont selon lui indispensables à la poursuite d'une vie chrétienne : *« Il importe en premier lieu d'avoir une claire certitude des vérités qu'il faut croire et mettre en pratique. Si vous êtes pris dans l'incertitude, la confusion et la contradiction, il sera impossible de construire quoi que ce soit. »* Les prêtres romains sont encouragés par le pape à s'impliquer davantage dans la vie sociale de leurs fidèles. Peut-être Jean-Paul II, en leur donnant ce conseil, se souvient-il des prêtres-ouvriers qu'il avait rencontrés, trente ans plus tôt, lors d'un séjour en banlieue parisienne. Aux religieuses il demande de continuer à porter le voile, ce signe important *« pour vous rappeler votre vocation, si différente de l'esprit de ce monde. »* Puis, dans une homélie à la basilique Saint-Jean-de-Latran, le 23 novembre, le pape s'adresse aux laïques : *« Allez en esprit sur les rives du Jourdain, où prêchait Jean-Baptiste; Jean qui est le saint patron de cette basilique, la cathédrale de Rome. Écoutez à nouveau ce qu'il disait, indiquant le Christ : "Voici l'agneau de Dieu, qui ôte le péché du monde"... Croyez avec une foi accrue [...] en Jésus-Christ, Notre Sauveur. »*

Le Vatican, un nouveau lieu de vie

La rencontre de Jean-Paul II, ce personnage hors norme, avec l'institution bimillénaire qu'est la papauté, est explosive. Centre névralgique du christianisme, le Saint-Siège collecte toutes les informations que les évêques transmettent à Rome de façon régulière sous forme de rapport, faisant de la curie un service de renseignement unique au monde. D'une part, Jean-Paul II jouit d'une légitimité incomparable dans l'Église, puisqu'il peut invoquer le dogme de l'infaillibilité pontificale pour appuyer ses décisions; d'autre part, l'appareil diplomatique du Saint-Siège et les moyens de communication que sont la radio du Vatican et le journal *Osservatore Romano* lui fournissent de formidables outils pour mener sa mission comme il l'entend. N'est-il pas, selon l'annuaire pontifical, évêque de Rome, vicaire de Jésus-Christ, successeur du prince des apôtres, souverain pontife de l'Église universelle, patriarche de l'Occident, primat d'Italie, souverain de l'État de la cité du Vatican et, enfin, serviteur des serviteurs de Dieu ? Du jour au lendemain, le palais du Vatican devient sa résidence et son lieu de travail. La riche histoire de cette enclave à la fois État, sanctuaire et musée, se confond avec celle de la papauté. Au Ier siècle, Néron avait choisi cette colline romaine où l'on cultivait de la vigne pour y construire un cirque. Là, raconte le poète Tacite, on livrait aux bêtes « *l'immense foule des disciples d'un certain Chrestos* ». Pierre, le prince des apôtres – probablement crucifié en l'an 67 –, fut enterré près de ce cirque; c'est sur son tombeau que l'empereur Constantin bâtit une première église sur laquelle fut construite l'immense basilique où convergent aujourd'hui des millions de pèlerins.

Salle Royale.
L'appareil diplomatique du Vatican est à la disposition de Jean-Paul II pour appuyer ses décisions.

par jour par la curie romaine. Ils trient les documents qui doivent être signés, annotés ou modifiés par le pontife, et mettent de côté les coupures de presse susceptibles d'attirer son attention. Les responsables des dicastères, ces ministères du Saint-Siège, s'entretiennent avec le pape en fin d'après-midi, chacun à leur tour, selon le jour de la semaine. Ils l'informent des affaires courantes dans leur domaine et font état de l'avancement de la politique du Saint-Siège. Le cardinal secrétaire d'État depuis 1991 Angelo Sodano, voit le pape presque tous les jours. Avec les cardinaux préfets de la Congrégation pour la doctrine de la foi et de la Congrégation des évêques, ce Premier ministre du Saint-Siège est l'un des rares à pouvoir intervenir auprès du pape à tout moment. Une seconde mallette provenant de la secrétairerie d'État est déposée sur le bureau du pape vers 21 heures. Après le dîner, Jean-Paul II effectue cette ultime session de travail avec ses secrétaires, puis il rejoint ses appartements. La lumière

Pendant près de vingt ans, son emploi du temps a rythmé la vie du Vatican.

Cent soixante-huit pays entretiennent des relations diplomatiques avec le Saint-Siège.

du dernier étage du palais pontifical, que l'on peut voir de la place Saint-Pierre, s'éteint vers 23 heures. Tandis que la nuit romaine commence, le silence règne au Vatican.
Le goût du sport de Jean-Paul II, avant que l'âge et la maladie ne réduisent son activité physique au strict minimum, est à peu près aussi connu que sa faculté à parler une dizaine de langues. Alors qu'il visite un centre sportif annexé à l'église Saint-Paul-hors-les-Murs, à Rome, le pape s'arrête net devant un poste de télévision pour regarder le championnat italien de ski. L'historien Jean Chélini, qui raconte l'anecdote, rapporte le commentaire qu'aurait fait Jean-Paul II, ce grand amateur de ski : *« C'est un sport qui convient surtout aux gens petits, car ils tombent de moins haut que les grands. »*
Éloigné des cimes par sa nouvelle fonction, le pape doit attendre le 17 juillet 1984 pour retrouver les joies de ce sport. En compagnie du président de la République italienne, il se rend en hélicoptère sur le glacier de l'Adamello, dans la région de Trente, pour y faire une dizaine de descentes.
En septembre 1986, c'est au pied du Mont-Blanc qu'il exprime son amour pour les montagnes *« qui nous parlent de Dieu avec leur beauté »*.
La famille de Jean-Paul II, si l'on entend par là son entourage le plus proche, peut se résumer à son secrétaire personnel Stanislas Dziwisz et aux religieuses polonaises qui l'aident dans son quotidien. Stanislas Dziwisz est cet homme discret qui se tient à côté du Saint-Père en toute circonstance.
Né comme le pape au sud de Cracovie, mais de vingt ans son cadet, Staszek fut, dès 1966, l'aide personnel de Karol Wojtyla. Considéré par beaucoup comme l'éminence grise du pape, l'homme occupe une place infiniment privilégiée à la curie. Il gère les visites et l'emploi du temps (surchargé) du pape, transmet ses ordres et joue le rôle d'intermédiaire entre le pape et la plupart des prélats romains. En charge des relations personnelles de Jean-Paul II en dehors du Vatican, il protège l'intimité, forcément réduite, du pontife. Nul ne peut mesurer l'influence qu'exerce Don Stanislas sur le pape. Il est comme un fils pour Jean-Paul II, qui l'a récemment nommé évêque.

15 janvier 1981.
Le pape reçoit en audience une délégation du syndicat Solidarnosc, conduite par Lech Walesa.

En politique, on qualifierait le pape d'homme de terrain.
Il est un pape qui cherche de façon permanente le contact avec les membres de l'Église.

Réflexions collectives sur la doctrine

Suite à son attentat, le pape écrit *Salvifici Dolori*, une encyclique sur la souffrance humaine. Dans ce document il invite les fidèles à prendre conscience que leur souffrance, en dépit du désarroi qu'elle procure, est aussi une vocation dans le mystère du Christ. Elle ne doit pas être considérée comme une fatalité, mais comme une source de paix intérieure.
S'inspirant des apôtres, qui sont les délégués du Verbe, Karol Wojtyla met sa plume au service de son ministère.
Pour préciser un point de doctrine ou présenter à l'Église le résultat d'une réflexion collective, par exemple à l'issue d'un synode des évêques, il intervient en rédigeant des lettres qui n'ont pas toutes la même portée. La bulle papale, qui doit son nom au sceau de plomb autrefois utilisé pour sceller le document, est plus solennelle que le bref, la lettre simple du pape. La lettre apostolique, elle, s'adresse à un personnage en particulier et développe un thème de doctrine. Quant à l'encyclique papale, elle revêt un caractère universel et concerne l'Église dans son ensemble.
Pour établir ce contact avec la communauté catholique, le pape dispose aussi de médias qui sont propres au Saint-Siège. Premier moyen de communication moderne de l'Église, Radio Vatican a été créée en 1931 par Pie XI. Ses émissions religieuses et ses reportages d'actualité sont émis en trente-trois langues et diffusés dans le monde entier; elle exprime la voix officielle de l'Église. Grâce à Radio Vatican, cette voix, celle du pape, parviendra jusqu'en Pologne, alors isolée du monde libre. En 1982, la nomination du directeur général de la radio, le père Tucci, au poste-clé de directeur de l'organisation des voyages pontificaux confirme l'importance qu'accorde Jean-Paul II à ce moyen de communication.
Il y a aussi l'*Osservatore Romano*, le journal officiel du Saint-Siège, que le pape dote d'une version polonaise. Celle-ci est mensuelle, contrairement à la parution quotidienne du journal en italien, mais « *c'est la seule édition rentable* », assure-t-on à la rédaction. Après avoir franchi le rideau de fer par camion, les soixante mille exemplaires de la revue se vendent comme des petits pains à la sortie des églises de Pologne.
On dit souvent que l'Église a perdu la classe ouvrière en passant à côté de la révolution industrielle. Peut-être sensible à cette idée, Jean-Paul II veut inscrire le message de l'Église dans la vie de ses contemporains. « *Paul VI a affirmé que la rupture entre les Évangiles et la culture était le drame de notre époque* », a-t-il récemment déclaré.
Prenant soin, au préalable, de distinguer l'Évangile de la culture, le pape encourage le clergé à rattraper le temps perdu dans ce domaine et à prendre part à la vie culturelle au niveau local.
Au Vatican, Jean-Paul II crée un conseil pontifical pour la culture, dont il confie la présidence au cardinal Garrone. Sa première mission consiste à dresser l'inventaire des moyens dont dispose l'Église pour concurrencer l'athéisme sur le terrain de l'éducation. Chaque année, dans la résidence d'été des papes, à Castel Gandolfo, Jean-Paul II organise un séminaire auquel participent scientifiques et hommes de lettres de tous horizons, et chacun s'exprime à son tour sur une question particulière.
Dans un discours au siège de l'UNESCO, à Paris, en 1980, le pape évoque Aristote à travers saint Thomas, « *un des plus grands génies du christianisme, qui fut en même temps un continuateur fécond de la pensée antique* ».
Cette seule phrase illustre la faculté du pape à se faire comprendre au-delà de la simple communauté catholique. En faisant le lien entre l'Antiquité (creuset de la pensée moderne) et la chrétienté (patrimoine commun à toute l'Europe),

« Le chemin que le Christ propose est étroit, il exige sacrifice et don de soi. »

JA ZUM

L'intention du pape est de mesurer la portée du concile Vatican II dans la vie du clergé. Vingt ans après Vatican II, « *point de référence de toute* [son] *activité pastorale* », il s'agit davantage pour lui de dresser un bilan que de poursuivre les réformes engagées par les Pères du concile. « *L'esprit du concile,* estime-t-il, *donne lieu à des interprétations erronées qu'il convient de corriger.* » Le cardinal Ratzinger, préfet de la Congrégation pour la doctrine de la foi, institution héritière du Saint Office, partage l'inquiétude de Jean-Paul II en déclarant, dans un livre intitulé *Entretien sur la foi*, que « *les dommages que nous avons subis au cours de ces vingt ans sont dus, non pas au "vrai" concile, mais au déclenchement au sein de l'Église de forces polémiques et centrifuges latentes* ». Dès sa publication, juste avant l'ouverture du synode, le livre du cardinal est connu sous le nom du « rapport Ratzinger ». Considéré par certains comme le « bras musclé » de Jean-Paul II en matière de doctrine, Ratzinger a déjà eu l'occasion de refuser le droit d'enseigner à certains théologiens qui étaient favorables à une démocratisation de l'Église, à l'ordination des femmes ou à une autre éthique sexuelle que celle défendue par Karol Wojtyla.
Pour préparer ce synode extraordinaire, des questionnaires sont envoyés aux conférences épiscopales (assemblées d'évêques d'un même pays). D'emblée, les réponses des Églises nationales soulignent les points de désaccord qui gênent leurs relations avec Rome. Les évêques américains réclament plus de pouvoir pour ces conférences. Les Hollandais, eux, s'interrogent : « *Le Saint-Siège pratique-t-il dans une mesure suffisante la collégialité qu'il requiert des autres ?* »
Il est tentant de voir Jean-Paul II comme un homme autoritaire, et pourtant cet homme a toujours évité de sanctionner ses opposants, même lors des divisions provoquées par la théologie de la libération, un mouvement pastoral d'influence marxiste en Amérique latine. Au cours de son pontificat, seulement six théologiens ont fait l'objet de sanctions disciplinaires et un seul a été excommunié. Jean-Paul II préfère gouverner l'Église en nommant des évêques qui sont proches de ses idées. Ce qui ne va pas toujours sans heurts. En 1995, une pétition lancée aux Pays-Bas met en cause la façon dont Rome nomme les évêques. Elle rassemble cinq cent mille signatures de catholiques hollandais.
Depuis 1978, le pape a nommé près de deux mille sept cents évêques et cent soixante cardinaux. Quand viendra le temps de désigner son successeur, tous les électeurs lui devront leur participation au vote. Ces records ne sont pas les seuls détenus par Jean-Paul II dans l'histoire de la papauté. Il a proclamé bienheureux huit cents hommes et femmes et a procédé à deux cent quatre-vingts canonisations. Cette volonté de promouvoir la sainteté partout dans le monde, en béatifiant largement, fera dire à un journaliste que, quand le pape part en voyage, il « *a toujours un saint dans ses bagages* ».

« Dans le domaine culturel, l'homme est toujours le fait premier. L'homme est le fait primordial et fondamental de la culture… L'avenir de l'homme dépend de la culture. »

« C'est par ma dépendance envers la vérité reconnue et admise que je suis réellement indépendant à l'égard des autres et des choses. »

L'année sainte.
Année sabbatique de repos pour la terre.
Ouverture de la porte Sainte,
basilique Sainte-Marie-Majeure.
C'est un appel à suivre le Christ,
sans qui nul ne peut rien faire.

Ouverture de la Porte sainte lors du Jubilée de l'an 2000.
Jean-Paul II reproduit le geste du pape Martin V qui se rendit à la cathédrale de Rome en 1432 pour ouvrir la porte qu'il avait fait murer auparavant.

Contre la civilisation de la mort

Ces dernières années, le pontificat de Jean-Paul II a été fortement marqué par sa défense absolue des valeurs morales de l'Église contre cette « *civilisation de la mort* » où règnent la contraception, l'euthanasie, l'avortement et, notamment aux États-Unis, la peine de mort.
Le thème de l'éthique sexuelle est cher à Karol Wojtyla, qui y a consacré, avant de devenir pape, un essai philosophique intitulé *Amour et responsabilité*. Il joua d'ailleurs un rôle décisif auprès de Paul VI dans la publication, en 1968, de l'encyclique *Humanae Vitae*. Ce document officiel condamne tout moyen contraceptif chimique (pilule) ou prophylactique (préservatif).
Dans *Veritatis Splendor*, une encyclique sur la morale publié en 1993, Jean-Paul II dénonce « *certains courants de pensée moderne qui exaltent la liberté à l'extrême en la transformant en un absolu, en une source de valeurs.* » Pour lui, il ne fait pas de doute qu'« *on est arrivé à une conception radicalement subjective sur le jugement moral.* »
À ces doctrines athées le pape oppose un non ferme à tout ce qui ne respecte pas le premier des dix commandements : « Tu ne tueras point. »
Dans son rôle de pape, Jean-Paul II interpelle les hommes dans ce qu'ils ont de plus précieux et de plus intime : la sexualité, la morale, la spiritualité. Dans un monde qui proclame la mort de Dieu, les parents sont souvent les seules personnes capables de donner ces repères moraux à leurs enfants. En intervenant publiquement sur des thèmes qui englobent la dimension totale de l'homme, le pape s'exprime sur des sujets qu'aucun leader politique ne peut seulement évoquer.
« *Les gens qui gouvernent ou qui manipulent les hommes se soucient peu d'avoir affaire à un être aussi malcommode, et ils se préoccupent moins de le maintenir ouvert que de le clore définitivement,* affirme-t-il, *les aspirations à l'infini ne sont mentionnées dans aucun programme, et le commerce avec le Saint-Esprit ne fait pas partie de l'économie de marché.* »
Les interventions de Jean-Paul II sur les mœurs et sur l'éthique sexuelle le prouvent : il ne recherche pas la popularité. « *Est-ce que je cherche à plaire aux hommes ? Si j'en étais encore à plaire aux hommes, je ne serais plus le serviteur du Christ.* »
Dans la hiérarchie chrétienne, remarquait André Frossard, l'humilité produit la grandeur. Plus la soumission de Karol Wojtyla envers Dieu sera totale, plus il se sentira en droit de parler en Son nom. En dialoguant perpétuellement avec Dieu au cours de ses longues prières, Jean-Paul II ne veut pas seulement donner l'exemple aux chrétiens du monde entier. Prier, pour le pape, revient à baliser le chemin

GMG2000

spirituel que ce pasteur universel souhaite indiquer à « ses brebis ». C'est ainsi que Jean-Paul II entend gouverner l'Église. En vingt ans de pontificat, il ne s'est jamais contredit. Une constance qui tranche avec les propos aléatoires de dirigeants politiques trop souvent inspirés par les sondages d'opinion. Jean-Paul II ne connaît pas ces hésitations de conscience qui caractérisent tant d'hommes désireux de faire le bien, mais qui sont tétanisés par le doute. Cette force est paradoxalement liée à une dépendance envers la vérité révélée par la foi, expliquait-il à André Frossard : « *C'est par cette dépendance envers la vérité reconnue et admise que je suis réellement indépendant à l'égard des autres et des choses.* » Jean-Paul II choque l'opinion publique (sa désapprobation de l'usage du préservatif en fournit le meilleur exemple) mais seulement quand cela s'avère nécessaire pour préserver la doctrine dont il est le gardien suprême. Renversé par un camion pendant la guerre (accident qui le laissa plusieurs jours dans un coma profond), victime d'un attentat et opéré six fois au cours de son pontificat, cet homme souffre à présent de la maladie de Parkinson et d'une hémiplégie faciale. Fatigué au point de devoir interrompre ses discours, le pape est à bout de forces. À son âge et dans son état de santé, tout autre chef d'État serait accusé d'abuser de son pouvoir et prié de céder la place à son successeur. Mais le pape n'exerce pas un pouvoir temporel. Un éditorialiste du journal *le Monde* imagine que Jean-Paul II, en qui il devine l'acteur Wojtyla, s'est donné pour « *projet de mourir à la tâche et au monde comme Molière à la scène.* » À l'un de ses proches qui évoquait la possibilité de son abdication, le pape a fermement rétorqué : « *On ne démissionne pas de la paternité !* »

Double page suivante : la lumière du dernier étage du palais pontifical, que l'on peut voir de la place Saint-Pierre, s'éteint vers 23 heures. Tandis que la nuit romaine commence, le silence règne au Vatican.

Rencontre des jeunes avec le pape à Rome : « Vous voudriez que le pape reste toujours jeune, mais comment faire ? » Jean-Paul II est radieux. « Ceux qui ont la possibilité de nouer contacts et amitiés avec la jeunesse d'une autre province, d'un autre pays, d'un autre continent que les leurs, comprennent peut-être mieux et partagent certainement ma foi dans la jeunesse. »

La repentance

L'unité des Églises, pas seulement celle des communautés chrétiennes, fut un axe majeur du Grand Jubilé. Le dialogue inter-religieux, selon le pape, passe inévitablement par la repentance de l'Église pour les fautes commises au cours de son histoire bimillénaire. Le 8 mars 2000, à Rome, il demanda donc solennellement pardon pour les croisades, l'Inquisition, le massacre des Indiens, les pogroms en Europe de l'Est, etc. Certains ont ironisé sur la repentance « globale » de Jean-Paul II, qui voudrait effacer, par une « simple déclaration », une mémoire aussi douloureuse que gênante pour le futur de l'Église. Ces détracteurs oublient cependant un peu vite le mutisme absolu qui fut celui des papes tout au long de leur histoire. Spécialiste des questions religieuses, le journaliste Bernard Lecomte insiste sur le caractère inédit de ce grand pardon : « *Pour tout dire, ce genre de* mea culpa *était, il n'y a pas si longtemps, inimaginable. Si les chrétiens étaient pécheurs, l'Église, elle, était "sainte". Pas question donc pour les papes de confesser ses péchés.* » Mais sans cet examen de conscience, comment un « nouveau printemps » de l'Église catholique est-il envisageable ? La nouvelle évangélisation, celle du IIIe millénaire, celle de l'Asie, comme l'affirme souvent Jean-Paul II, sera impossible si l'Église ne tire pas les leçons de son histoire.

Jean-Paul II

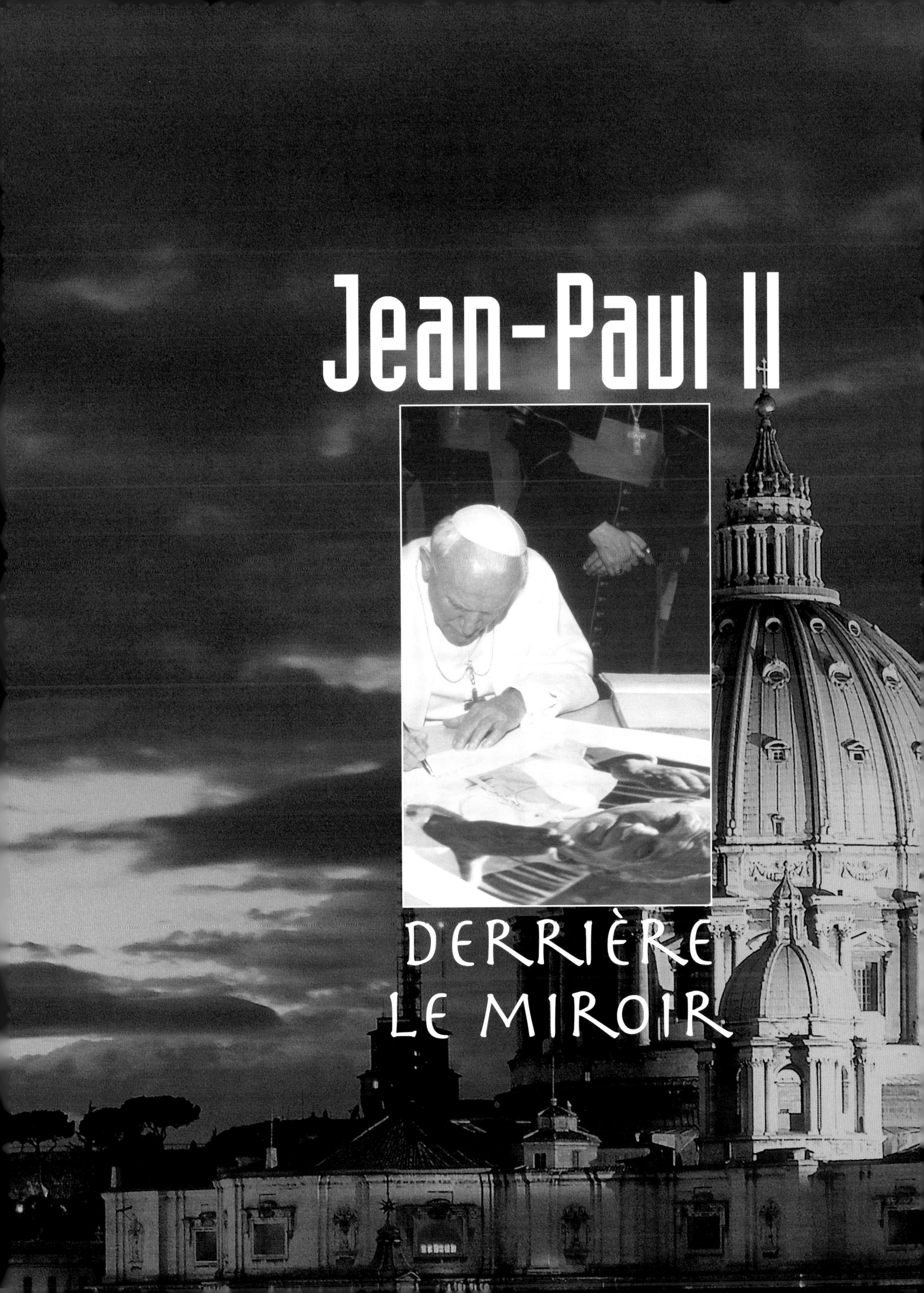

Derrière le miroir

« Est-ce que je cherche

à plaire aux hommes ?
Si j'en étais
encore à plaire
aux hommes,
je ne serais plus
serviteur
du Christ. »

L'intérêt porté à la vie quotidienne
du souverain pontife est récent.
C'est avec Jean-Paul II que l'observation de la vie
quotidienne du pape rejoignit celle de sa vie privée.
Peut-être est-ce à la suite de l'attentat de 1981...
En tout cas, Jean-Paul II accepta de temps en temps
de se laisser photographier à table, d'être surpris
en tenue de skieur dans les Abruzzes
ou en promenade dans les Alpes du Val d'Aoste.

L'œuvre de Jean-Paul II, ou à vrai dire
de Karol Wojtyla, est riche et dense.
Elle s'échelonne de 1939 à 1978 surtout,
éditée sous un pseudonyme dont le plus utilisé
fut celui d'Andrzej Jawien.
Il a aussi signé Stanislaw Andrzej Gruda
et Piotr Jasien.
Son écriture poétique rejoint sa vocation sacerdotale,
comme en témoignent ces textes choisis.

IL ARRIVE, DANS LA CONVERSATION,

DE VOIR LA VÉRITÉ EN FACE ET DE MANQUER DE MOTS,

DE NE TROUVER NI GESTE, NI SIGNE.

NOUS LE SENTONS ALORS :

NUL MOT, NUL GESTE, NUL SIGNE

NE POURRAIENT L'APPRÉHENDER TOUT EN IMAGE.

NOUS DEVONS LA PÉNÉTRER, LA COMBATTRE COMME JACOB.

IL NE S'AGIT PAS DE LA SEULE LUTTE AVEC L'IMAGE

QUE PRESSENT NOTRE PENSÉE,

NI MÊME AVEC LA REPRÉSENTATION

DE CE QUI CONSTITUE L'HOMME INTÉRIEUR.

NOS ACTES EUX-MÊMES SAURONT-ILS SAISIR

LES ULTIMES VÉRITÉS QU'ENTREVOIT L'ÂME ?

DANS « PROFILS DU CYRÉNÉEN » - 1958

*« Je sais mieux qu'auparavant
que la souffrance est une telle dimension
de la vie dans laquelle, plus profondément
que jamais, se greffe sur le cœur humain
la grâce de la Rédemption. »*

COMBIEN FURENT-ILS À GRANDIR AUTOUR DE MOI,

À TRAVERS MOI, À PARTIR DE MOI ?

JE SUIS DEVENU LE LIT D'UN TORRENT

APPELÉ HOMME.

CETTE FOULE D'AUTRES,

SUIS-JE RESTÉ LE MÊME

APRÈS SON PASSAGE EN MOI ?

DEVENU CHACUN MAIS IMPARFAITEMENT,

TOUJOURS BIEN TROP PRÈS DE MOI-MÊME.

CELUI QUI EN MOI EST RESTÉ DE MOI

PEUT-IL SE REGARDER SANS CRAINTE ?

À UN FRÈRE ÉVÊQUE VENU D'AFRIQUE

DURANT LE CONCILE VATICAN II - 1962

*« L'injustice règne quand,
au sein d'une même société,
certains groupes détiennent
la plus grande partie des richesses
et du pouvoir alors que de larges couches
de la population ne peuvent assurer
décemment la vie de leur famille… »*

Quand j'entends autour de moi diverses langues,
je sens croître les générations.
Chacun apporte un trésor de leur terre,
choses anciennes et choses nouvelles.
La terre devient un chenal de lumières
qui brillent profond dans les hommes,
les mêmes fleuves coulent d'un flot
toujours le même, toujours nouveau.
Le torrent du langage autour de la terre
charrie l'histoire en crue.
Les eaux des fleuves coulent vers le bas,
le torrent du langage monte vers la cime.
La cime, c'est tout homme qui pousse de terre,
tout homme est le sommet.
Le sommet se dresse
à la fois au-dessus de chacun et de tous,
se dresse toujours plus escarpé,
s'enfonce toujours plus dans les consciences.

dans « Quand je pense Patrie » - 1979

Seul face à Dieu et à la nature,
c'est au pied du Mont-Blanc
qu'il exprime son amour pour les montagnes
*« qui nous parlent de Dieu
avec leur beauté »*.

Seulement voilà, Jean-Paul II est polonais. Et, dans le contexte politique de la fin des années soixante-dix,

le fait qu'un Slave soit pape constitue une nouveauté dont les conséquences ne se limitent pas à la seule histoire de l'Église. En portant le problème de la Pologne, donc celui de tous les pays de l'Est, sur le devant de la scène internationale, Jean-Paul II est devenu un des grands acteurs de l'histoire de l'humanité.

En témoigne cette conversation téléphonique entre Leonid Brejnev, dirigeant de l'URSS, et Edward Gierek, secrétaire général du parti communiste polonais, juste après l'annonce faite par Jean-Paul II de sa visite imminente en Pologne. L'entretien, rapporté par Gierek dans ses Mémoires, illustre le danger que représentait la présence – encore inédite – d'un pape en territoire sous domination soviétique :

- *Suivez mon conseil,* a dit Brejnev, *ne le recevez pas. Cela ne fera que causer des ennuis.*

- *Comment pourrais-je ne pas recevoir un pape polonais,* ai-je objecté, *alors que la majorité de mes compatriotes sont catholiques ? Ils considèrent son élection comme un grand événement. Et puis, que dirais-je aux gens pour expliquer que nous fermons la frontière ?*

- *Conseillez au pape – c'est un homme avisé – de déclarer publiquement que des raisons de santé l'empêchent de venir.*

- *Désolé, camarade Leonid,* ai-je dit, *mais cela m'est impossible. Je dois accueillir Jean-Paul II.*

Son retour au pays, on l'imagine, est un véritable triomphe. De l'aéroport jusqu'au centre-ville de Varsovie, ils sont plus d'un million sur les routes, dans les rues de la cité et sur la place de la Victoire pour accueillir « leur » pape. À cet instant, plus qu'à aucun autre, le patriotisme de la Pologne, fille fidèle de l'Église depuis un millénaire, se confond avec sa foi religieuse. Naturellement, les cadres du parti communiste en sont exclus. Jamais le rapport de force n'avait été aussi favorable à ce qu'on

Deux couleurs qui symbolisent la vie de Karol Wojtyla et de Jean-Paul II. Le rouge et blanc du drapeau polonais. Rouge, le sang du Christ sur la Croix ; blanc, le linceul qui l'enveloppe, symbole de mort.

Le dernier déplacement de Jean-Paul II en Pologne a eu lieu en 1999. Il a visité huit fois son pays natal au cours de son pontificat.

appelle la société, la nation, ou tout simplement la Pologne. Toute censure s'avère inutile, elle se retournerait automatiquement contre le pouvoir. Au cours de sa première entrevue avec les dirigeants politiques – prélude à un long pèlerinage –, Jean-Paul II affirme que « *la paix et le rapprochement entre les peuples doivent reposer sur le principe du respect des droits objectifs de la nation* (dont celui) *d'élaborer sa propre culture et sa propre civilisation.* »
Sa Sainteté, C. Bernstein et M. Politi, Éd. Plon.

Pour le pape, les hommes qui gouvernent son pays n'incarnent ni la nation ni l'identité polonaises, mais plutôt la volonté d'expansion d'une puissance étrangère. Plus de mille journalistes de toutes les nationalités sont venus en Pologne pour couvrir ce voyage exceptionnel. Ils sont unanimes à dire que jamais ils n'avaient vu pareille communion entre un homme et son peuple. Pour le pouvoir, les échos de cet événement dans les pays frontaliers,

voire au-delà, ont des répercussions catastrophiques. Les allocutions du pape à Varsovie, à Gniezno et à Czestochowa sont diffusées dans le monde entier. « *Nous voulons Dieu !* », « *Vive le pape !* » scandent les jeunes Polonais sur son passage. Les évêques organisent des convois de pèlerins. De somptueux décors sont construits partout où se rend le pontife. Dès le troisième jour, lorsque Jean-Paul II arrive à Czestochowa, le cœur de la Pologne catholique, son voyage s'apparente à une longue procession menée d'un bout à l'autre du pays. Devant le risque d'une insurrection spontanée, il doit lui-même apaiser la ferveur de ses compatriotes : « *La cause du Christ peut également être favorisée, ou le contraire, par le choix d'une conception du monde*

Pèlerinage du pape à Fatima.

D'est en ouest, de Varsovie à Fatima, les fidèles se rassemblent pour communier avec ce grand pèlerin.

L'attention affectueuse du Premier ministre polonais envers le souverain pontife.

diamétralement opposée au christianisme. Quiconque fait ce choix avec une conviction intime mérite notre respect », dit-il aux étudiants de l'université de Lublin. À son grand soulagement, aucune émeute ne se produit. Le Parti n'est pas dénoncé, il est ignoré. L'opposition pacifique, prêche le pape, est de toutes la plus efficace.

Un an plus tard, l'expérience collective de ce pèlerinage porte ses fruits.

Durant les grèves de 1980 dans les chantiers navals de Gdansk, « Solidarité ! » devient le cri de ralliement de toute la société polonaise. Le syndicat libre Solidarnosc est né. Son principal dirigeant, Lech Walesa, s'impose comme le premier interlocuteur politique du Parti. Il conclut plusieurs accords avec les autorités communistes, signant systématiquement les traités avec un énorme stylo… surmonté de la tiare papale, la coiffe du souverain pontife.

En juin 1983, Jean-Paul II effectue un deuxième pèlerinage en Pologne. Cette fois, le peuple défie ouvertement le régime. Au-dessus des foules rassemblées devant lui, des doigts se lèvent en formant le V de la victoire, aux cris de « *Solidarnosc !* » qui retentissent aux oreilles des policiers, impuissants.

Dix ans plus tard, en août 1989, la Pologne est le premier pays du bloc soviétique à se doter d'un gouvernement non communiste.

Depuis, Karol Wojtyla ne cesse de rappeler à ses compatriotes que les victoires passées n'ont pas tout résolu. La crise économique qui frappe le pays a dispersé et peut-être totalement effacé les rêves du monde libre. Pire encore, l'Église combattante d'autrefois a cédé la place à une Église marginalisée. « *Notre patrie,* déclare Jean-Paul II à Skoczow en mai 1995, *se trouve devant de nombreux et difficiles problèmes sociaux qu'il faut résoudre avec sagesse et persévérance. Et le plus important de tous reste celui d'établir un ordre moral juste. C'est pourquoi la Pologne a, par-dessus tout, un urgent besoin d'hommes de conscience.* » Discours de Skoczow, 22 mai 1995.

POLOGNE

Lors de son dernier voyage au pays natal, Jean-Paul II souligne l'importance d'un « urgent besoin d'homme de conscience ».

« John Paul II, superstar »

QUAND IL PREND POUR LA PREMIÈRE FOIS LA PAROLE AU SIÈGE DE L'ONU, EN OCTOBRE 1979,

4 septembre 1995 : Jean-Paul II est accueilli à New York par Hillary et Bill Clinton.

c'est justement en homme de conscience que le pape s'adresse aux cent-cinquante délégués des pays membres. La course aux armements entre l'Est et l'Ouest avait alors déclenché une vague de manifestations antinucléaires en Europe et aux États-Unis. L'équilibre international, une fois de plus, semblait ne plus tenir qu'à un fil. À l'image de Jésus-Christ devant le juge romain Ponce Pilate, Jean-Paul II entend donc « *rendre témoignage à la vérité* » et ôter toute légitimité à des idéologies qui ont oublié le principe supposé de leur mission : servir l'homme. La politique, dit-il, « *est issue de l'homme, exercée par l'homme et destinée à l'homme* ». *Jean-Paul II, témoin de l'espérance*, George Weigel, Éd. JC Lattès.

New York est la première étape d'un voyage spectaculaire à travers les États-Unis. Le ton est donné au Madison Square Garden le 3 octobre, quand des milliers d'adolescents réunis dans cet immense parc couvrent sa voix en criant à tue-tête « *John Paul Two, we love you !* » George Weigel, un théologien qui a collaboré avec plusieurs journaux américains, se remémore avec émotion cette « *scène sans précédent dans les annales de la papauté* ». « *L'orchestre du lycée privé Saint-Francis de Brooklyn entonna les thèmes de* Rocky *et de* la Guerre des étoiles *(...) Jean-Paul II se mit à imiter un batteur, puis leva le pouce à l'adresse de la foule. Les jeunes lui donnèrent un blue jeans, un T-shirt et une guitare.* » Ibid.

En titrant « *John Paul II, superstar* », l'influent magazine *Time* illustre parfaitement l'état d'esprit dans lequel les Américains accueillent Jean-Paul II. De New York à Washington, en passant par Chicago et l'État agricole de l'Iowa, la tournée du pape aux États-Unis a des allures de road-movie médiatique qui semble loin, très loin, du pèlerinage qu'il avait effectué quelques mois plus tôt en Pologne.

À Chicago, devant quatre cents évêques, Jean-Paul II réaffirme la condamnation par l'Église de la contraception, de l'avortement, des rapports sexuels hors mariage, de l'ordination des femmes et de l'homosexualité. L'Église catholique américaine, une des plus puissantes et des plus influentes du monde, notamment financièrement, est fermement encouragée par le pape à présenter aux fidèles « les vérités fondamentales de la foi ». Parmi les cinquante-deux millions de catholiques américains, certains s'étonnent d'entendre « l'apôtre des droits de l'homme » parler aussi durement de la morale sexuelle et de la place des femmes dans l'Église.

À Washington, sœur Theresa Kane, la présidente de l'Association des congrégations féminines, ose demander publiquement au pape que les femmes puissent accéder à tous les ministères de l'Église. La presse évoque « l'affront » fait à Jean-Paul II. En effet, jamais personne ne s'était adressé au pape de cette façon.

Lorsque Jean-Paul II retourne aux États-Unis, en septembre 1987, il est accueilli à Miami par le président Ronald Reagan. Cette fois, il visite les grands États du Sud et de l'Ouest : Floride, Caroline du Sud, Louisiane, Texas, Arizona et Californie.

Au moment où il rencontre les malades du sida de la clinique San Dolorès à San Francisco, des homosexuels déguisés en prélats manifestent au-dehors pour dénoncer l'intransigeance de Rome envers leur sexualité. Le soir, Jean-Paul II prie avec les soixante-douze malades de la clinique et leurs parents, leur parlant de cet amour de Jésus *« qui dépasse les limites du langage humain, de ce Dieu qui les aime tous, sans distinction, d'une manière inconditionnelle et sans fin. »*

La Vie, hors série n° 4 : *Jean-Paul II, pour Dieu et pour la paix.*

Organisées à Denver en août 1993, les cinquièmes Journées mondiales de la jeunesse restent gravées dans la mémoire de Karol Wojtyla comme son plus beau souvenir en Amérique du Nord. Lui-même avait choisi la ville de Denver, qui est située au cœur des montagnes Rocheuses ; non pas pour son

ÉTATS-UNIS

Les cinquièmes Journées mondiales de la jeunesse sont organisées à Denver les 13, 14 et 15 août 1993.

« John Paul II, superstar »

amour de la montagne, comme le laissaient entendre certains commentateurs, mais pour la modernité affirmée de cette cité à peine centenaire emblématique de « la société libre des années quatre-vingt-dix », estime le journaliste George Weigel.
George Weigel, *Jean-Paul II, Témoin de l'espérance*, Éd. JC Lattès.

Quatre-vingt-dix mille jeunes sont réunis dans le stade Mile High, sanctuaire des Broncos, l'équipe locale de football américain. La pluie qui tombe ce 12 août n'entame pas la bonne humeur des fidèles. Et lorsque l'hélicoptère de Jean-Paul II se pose sur la scène gigantesque équipée de deux écrans géants, cette bonne humeur se transforme aussitôt en une exultation générale qui gagne les centaines d'évêques américains. Ceux-ci, surprenant les jeunes, se mettent à faire la « ola » avec la foule ; des milliers de pancartes portant l'inscription « Bienvenue » dans toutes les langues des pays représentés sont hissées par des adolescents qui s'époumonent à scander « *We love you !* » Jean-Paul II ne peut qu'être porté par cet enthousiasme. Il s'écrie « *N'ayez pas peur d'aller dans les rues et dans les lieux publics, comme les apôtres qui prêchèrent le Christ et la bonne nouvelle du salut sur les places des villes et des villages. Ce n'est pas le moment d'avoir honte de l'Évangile… C'est le moment de le clamer du haut des toits.* » Homélie délivrée aux Journées mondiales de la jeunesse, Denver, 1993.

Longtemps, le pape se souviendra de ce « *Woodstock catholique* », comme avait si bien titré un journal de l'État du Colorado. S'il a toujours désapprouvé « *l'individualisme poussé à l'extrême* » et « *la liberté transformée en source de valeurs* » de la société américaine, Jean-Paul II a toujours insisté sur l'exemplarité de la puissance des États-Unis. « *Un monde global est essentiellement un monde de solidarité* », affirme-t-il à George W. Bush, en juillet 2001. « *De ce point de vue,* ajoute-t-il, *du fait de ses ressources, de ses traditions culturelles et de ses valeurs religieuses, l'Amérique a une responsabilité particulière.* »

Le grand rassemblement dans le stade de Baltimore s'apparente à un nouveau pèlerinage, dont le point culminant sera la rencontre avec Jean-Paul II.

La France, « fille aînée de l'Église »

Son plus illustre représentant est Mgr Lefebvre, qui, le 30 juin 1988, franchit le pas de l'excommunication en ordonnant quatre évêques dans le canton d'Écône, en Suisse. « *Essentiellement un refus du concile Vatican II* », selon le journal *la Vie*, ce schisme est vécu douloureusement par le pape. Celui-ci avait pourtant fait preuve d'une patience infinie à l'égard de Mgr Lefebvre, le recevant au Vatican fin 1978, et l'autorisant en 1984 à célébrer la messe selon Pie X. Sans céder sur l'essentiel, mais sans suivre les conseils de certains hauts prélats favorables à une condamnation ferme, Jean-Paul II avait poursuivi d'âpres négociations avec l'évêque jusqu'à ce que celui-ci commette l'irréparable, en 1988. « *Avec le temps*, déclare cette année-là Jean-Paul II au journaliste italien Gianfranco Svidercoschi, *je vois plus clairement l'utilité de mes visites apostoliques pour l'approfondissement du concile. En Europe, la tendance représentée par*

Mgr Lefebvre, qui n'est pas seul car il est suivi par d'autres prêtres, par des laïques et par des gens dévots, conteste les récentes réformes de l'Église. Mes pèlerinages ont servi à cela. (…) J'ai pu grâce à eux aller au cœur de l'Église, au cœur de la réalité du peuple de Dieu. J'ai pu éviter de me laisser prendre dans l'opposition entre droite et gauche et entre conservateurs et progressistes. Ces pèlerinages ont servi à introduire un élément d'équilibre dans la mise en application des réformes conciliaires, qui se fera évidemment à la lumière de la tradition. » Il Tempo, 9 mai 1988.

FRANCE

Paris, Lyon, Metz, Nancy, Strasbourg, Annecy, Tours, Reims, Lourdes… Jean-Paul II a effectué six visites en France, autant qu'aux États-Unis.

Né dans un pays slave et familier de la culture orthodoxe pour l'avoir étudiée dans sa jeunesse,

Jean-Paul II est immédiatement apparu aux observateurs de l'œcuménisme comme « l'homme de la situation ». Ce pape, lit-on dans la presse italienne à la fin de l'année 1978, est en mesure de rapprocher les Églises orthodoxe et catholique. Bénéficiant d'une aura internationale sans précédent, il peut mener l'Église dans la voie indiquée par le concile Vatican II. Jean-Paul II n'est pas le premier pape à vouloir ce rapprochement. Avant lui, les pontifes romains avaient tenté, en vain, de réconcilier les deux « têtes » historiques du christianisme. Les appels à l'unité lancés par Pie IX furent rejetés en bloc par les hiérarques de l'Église grecque, qui dénoncèrent les prétentions unionistes de Rome dans une encyclique rédigée en 1848. Léon XIII essuya un revers analogue, en 1895, de la part du patriarche œcuménique Anthime Ier. Le pape polonais confirme son engagement personnel dans le dialogue œcuménique en se rendant à Istanbul dès le mois de novembre 1979. Il vient en Turquie pour rencontrer le patriarche de Constantinople Dimitrios Ier, chef spirituel de deux cents millions de chrétiens orthodoxes. Si la priorité d'un tel voyage révèle la volonté de Jean-Paul II d'inscrire son pontificat dans le sillage des Pères du concile Vatican II, celle-ci est également conforme à ses propres convictions. À travers ce premier pèlerinage œcuménique, le pape réalise en partie un vœu de longue date : « *L'Église doit respirer par ses deux poumons !* » Cette formule, devenue le leitmotiv de son action œcuménique, ne désigne pas deux systèmes politiques, l'un capitaliste, l'autre communiste, mais bien le monde occidental et le monde oriental du christianisme. Depuis le schisme de Constantinople en 1054, qui marque la rupture entre l'Église de Constantinople et celle de Rome, les mondes latin et byzantin demeurent divisés

L'épisode de l'Aréopage d'Athènes est connu : c'est là, sur le lieu hautement symbolique de la démocratie, que Paul parla du « Dieu inconnu » aux philosophes grecs.

GRÈCE

par des problèmes de foi, auxquels se sont ajoutés au fil des siècles des litiges frontaliers. Le soir même de leur rencontre, Jean-Paul II et Dimitrios Ier concélèbrent une messe à la cathédrale Saint-Georges, située au centre de la juridiction exercée par le patriarche. Les deux chefs religieux s'embrassent puis échangent des paroles de paix. Longtemps, ils prient ensemble parmi les riches ornements caractéristiques des lieux de culte orientaux. À la fin de la cérémonie, le pape évoque l'espoir de la communion : « *J'ose espérer que ce jour est proche. Personnellement, j'aimerais qu'il soit très proche.* » *Jean-Paul II, Turquie : un pèlerinage œcuménique* (Saint Paul, 1980).

Huit ans jour pour jour après le voyage de Jean-Paul II en Turquie, c'est au tour du patriarche Dimitrios Ier de rendre visite au pape. Dans une déclaration conjointe, ils annoncent l'ouverture d'un dialogue théologique. Depuis 1054, jamais le dialogue œcuménique n'avait été engagé aussi loin. Cependant, le patriarche de Constantinople ne représente pas la totalité des Églises orthodoxes.

Ces dernières, à l'inverse de Rome, sont autocéphales, c'est-à-dire indépendantes les unes des autres. Des siècles de guerres ont miné les relations entre Rome et les Églises orthodoxes, notamment byzantines. Ces dernières considèrent encore à ce jour l'action œcuménique du pape, ses voyages surtout, comme une invasion vaticane. Dans les grandes nations orthodoxes de l'Europe de l'Est et dans les Balkans, Jean-Paul II est tout juste toléré par les autorités religieuses locales. Sa Sainteté Alexis II, patriarche de Moscou et de toute la Russie, dénonce « *les pratiques de prosélytisme de la part de l'Église romaine vis-à-vis de la population orthodoxe* ». *La Croix*, 12 septembre 2001.

Une encyclique consacrée à l'unité des chrétiens, publiée en mai 1995, permet à Jean-Paul II d'expliquer le sens de ce « *pèlerinage parmi les Églises* ». Ce fut le concile Vatican II, écrit-il dans *Qu'ils soient un*, « *qui orienta le pape vers cet aspect particulier de l'exercice de son ministère apostolique. Le concile a fait de ce pèlerinage du pape un devoir*

MALTE

9 mai 2001 : deux cent mille personnes sont réunies sur la place des Greniers de Floricina pendant les trois heures et demie de célébration.

RAIDERS

SARAJEVO

bien défini pour remplir son rôle d'évêque de Rome au service de la communion. » Ces voyages sont aussi l'occasion de rencontrer et de soutenir les minorités catholiques d'Europe de l'Est. Ces communautés ont enduré une répression féroce dans l'URSS stalinienne et aspirent maintenant à jouir de ce droit fondamental qu'est la liberté de religion. L'effondrement de l'URSS, avec la fin de la domination de l'athéisme, leur a permis de rétablir leurs anciennes structures pastorales. Une initiative qui fut mal accueillie par les responsables orthodoxes – tolérés, eux, sous l'ère soviétique –, devant désormais faire face à la concurrence de leur « grande sœur » catholique. En outre, l'autorité du « souverain pontife de l'Église universelle » suscite au mieux l'indifférence des orthodoxes, au pire leur hostilité. Son ministère de primauté, et à plus forte raison son infaillibilité, ne sont pas reconnus par les Églises orientales, qui n'accordent au pape que le titre de patriarche de l'Occident. Le théologien Michel Leplay oppose les conceptions catholique et orthodoxe du ministère de Jean-Paul II : « *Dans l'Église de Rome, le ministère d'unité entre les catholiques est compris comme un ministère d'autorité. Chez les orthodoxes, il est vécu comme celui de la communion entre Églises indépendantes.* » La Vie, hors série n° 4, 1998.

Lors de sa visite à Kiev, le 24 juin 2001, Jean-Paul II a beau dire qu'il n'est « *pas venu faire du prosélytisme* », l'accueil que lui réserve la capitale ukrainienne est glacial. Les rues sont presque désertes. Quarante mille fidèles, au lieu des centaines de milliers escomptés par le Vatican, assistent, sous la pluie, à une messe en latin. Quant à l'Église orthodoxe, placée sous l'égide du patriarche de Moscou, ses dignitaires ignorent superbement la venue du pape en boycottant la cérémonie d'accueil à l'aéroport. Les conflits religieux entre orthodoxes et uniates, ces chrétiens fidèles à Rome qui ont conservé le rite grec, ont laissé de profondes blessures dans la mémoire collective. Traverser les terres orthodoxes

13 avril 1997 : Jean-Paul II est reçu par Momcilo Krajisnik et Kresimir Zubak, membres du gouvernement croate.
Le Vatican est le premier État à reconnaître la Croatie comme nation indépendante.

Le chemin de l'œcuménisme

sans le feu vert de Moscou – une première dans ces pèlerinages de communion –, a mis l'œcuménisme en danger. Ce risque, Jean-Paul II a jugé nécessaire de le prendre pour répondre à l'invitation des catholiques d'Ukraine.
La voie du dialogue, sur laquelle s'est engagé Jean-Paul II, après vingt-deux années de pontificat, ressemble fort à une voie de garage. C'est sans doute son plus grand échec.
L'espoir réside peut-être dans le voyage qu'il a effectué en Arménie fin septembre 2001, juste après les événements tragiques de New York, au début de la campagne militaire américaine en Afghanistan.
La visite de Jean-Paul II, commencée au Kazakhstan, s'est achevée par une déclaration commune renforçant les liens entre les Églises catholique et arménienne. Cet appel au dialogue religieux, lancé au beau milieu d'une crise internationale sans précédent, a spontanément été ouvert à toutes les religions.
Ce message de paix en a appelé un autre. Le 19 novembre 2001, Jean-Paul II invite les religions du monde à un nouveau sommet. Quinze ans après le rendez-vous d'Assise, le pape estime qu'il est urgent de « *proclamer devant le monde que la religion ne doit jamais devenir un motif de conflit, de haine et de violence.* »
Cette fois, il ne s'agit pas seulement d'être « *ensemble pour prier* » la paix dans le monde. Il ne s'agit plus, comme en 1986, « *de travailler à une société où la justice fleurira et où la paix abondera* ».
Observant avec inquiétude le développement de la situation internationale, lié selon lui à l'individualisme outrancier des pays du Nord, Jean-Paul II adopte un ton offensif dans la lettre d'invitation qu'il envoie aux responsables religieux :
« *Le fondamentalisme musulman dont se réclament les terroristes est bien une certaine lecture de l'islam. Tout comme la répression sous l'Inquisition ou la violence du Ku Klux Klan sont, chacune, une lecture du christianisme. La meilleure unité que devraient réaliser les religions à Assise, c'est de désigner clairement ensemble ceux qui les mésusent et leur ôter toute espèce de caution.* »

Juin 2001 : messe célébrée selon le rite byzantin à Kiev.

UKRAINE

Lors de ses déplacements, le pape est constamment entouré de gardes du corps. Il a été la cible de quatre tentatives d'assassinat : 1979 en Turquie ; 1981 au Japon ; 1982 au Portugal ; 1986 en Océanie.

EN FÉVRIER 1980, AUTOUR DE LA CATHÉDRALE DE KINSHASA, CAPITALE DU ZAÏRE, DES CENTAINES DE MILLIERS D'AFRICAINS

attendent Jean-Paul II avec impatience. Les enfants, à qui l'on a donné des petits drapeaux aux couleurs du Vatican, blanc et jaune, portent des T-shirts à l'effigie du pape, un portrait que l'on retrouve également sur les pagnes des adultes. À ces hommes et femmes, pour la plupart venus des campagnes, le vieux dictateur Mobutu a accordé deux jours de repos exceptionnel. Pour le Zaïre, comme pour les autres pays, une visite du pape équivaut à une fête nationale. Peut-être davantage : couverte par les journalistes, celle-ci attire immanquablement l'attention du monde. Aussi, dès le soir de son arrivée, Jean-Paul II n'hésite-t-il pas à rappeler à Mobutu que la liberté religieuse est indissociable du progrès social. En Afrique, « l'élément d'équilibre » que le pape se propose d'introduire dans les paroisses locales par le biais de ses voyages se fonde en partie, de façon paradoxale, sur les traditions ancestrales du « berceau de l'humanité ». Ces traditions souvent animistes, souvent antérieures à l'Église, peuvent parfois rejoindre son enseignement. Ainsi en est-il du respect des personnes âgées et de la solidarité sociale, coutumes fortement approuvées par Jean-Paul II, qui les considère comme des « *semences de vérité* ». Au cours de son deuxième voyage apostolique en Afrique, en février 1982, il déclare aux évêques du Zaïre que « *le règne de l'Évangile ne peut pas se dispenser d'emprunter des éléments des cultures humaines* [...] *L'évangélisation doit aider celles-ci à faire surgir de leur propre tradition vivante des expressions originales de vie, de célébration et de pensée chrétiennes* ». Au Gabon, quelques jours plus tard, il confie même

« En consolidant l'unité nationale à l'intérieur de votre nation, vous renforcez l'unité de l'Afrique. »

NIGER

En 1999, Jean-Paul II a nommé deux évêques pour le diocèse de Niamey, capitale du Niger. Jean-Paul II a effectué trente-huit voyages en Afrique.

L'africanisation de l'Église

aux évêques sa crainte devant « *l'influence néfaste de certains aspects de la mentalité européenne, qui, loin d'être un progrès, sont en fait une dégradation de la foi ou des mœurs* ». Devant une telle situation, conclut-il, « *nous devons nous attacher aux signes positifs, et il y en a, comme je le souligne dans chacun de mes discours* ». Sur le plan économique, Jean-Paul II insiste sur les potentialités de ce continent africain que les puissances coloniales ont voué à une misère absolue. Les ressources pétrolifères du Nigeria, qu'il visite pendant une semaine entière lors de ce même voyage, font de ce grand pays la plus probable locomotive économique de l'Afrique. Devant l'homme fort du pays, le pape ne s'encombre pas de formules diplomatiques : « *Dans la poursuite du progrès intégral, il faut évincer des éléments comme la corruption, la dépravation, le détournement de fonds publics, l'oppression des faits, l'insensibilité à l'égard*

NIGER

« Le Sud pauvre jugera le Nord riche. Les populations démunies [...] jugeront les nations qui ont raflé leurs biens, s'arrogeant un monopole impérial sur leurs richesses. »

Les foules africaines témoignent de leur joie de recevoir le pape.
Dans le plus pauvre des continents de la planète, la misère renforce le besoin d'un soutien spirituel.

L'africanisation de l'Église

du pauvre et du handicapé. »
Près de vingt ans plus tard, de retour au Nigeria, où l'attendent treize millions de catholiques, Jean-Paul II est accueilli à l'aéroport par un autre militaire, le général Abacha, et la population du pays n'a jamais été aussi pauvre. Bien qu'il ait visité plus de trente pays africains en moins de vingt ans, Jean-Paul II a néanmoins attendu la fin du régime de l'apartheid avant de se rendre en Afrique du Sud. À Yaoundé, au Cameroun, il déplorait qu'en 1985 « *se prolonge encore un système d'apartheid qui, au moyen d'une dure répression, continue à faire trop de victimes, foulant au pied un droit humain élémentaire* ». Différant jusqu'au bout sa visite pour ne pas cautionner la ségrégation raciale, il est salué comme un défenseur de la liberté par Nelson Mandela le 16 septembre 1995, sous les applaudissements de deux cent mille personnes réunies pour une messe célébrée dans l'hippodrome de Johannesburg. « *Depuis de nombreuses années, les Sud-Africains espéraient ce jour. Dire que votre visite était attendue depuis longtemps, c'est rendre hommage à votre horreur de l'apartheid* », lui dit Mandela, cet autre grand homme de paix que Jean-Paul II avait reçu en 1990 au Vatican. Il lui répond : « *Je veux aussi vous rendre hommage, vous qui portez sur vos épaules le fardeau d'avoir à encourager chacun dans la voie de la réconciliation nationale et de la reconstruction.* » *Le Monde*, 19 septembre 1995.
Dans une même volonté de réconciliation, il s'était rendu sur l'île de Gorée, au large de Dakar, la capitale du Sénégal, le 22 février 1992, pour demander pardon aux millions d'Africains embarqués vers l'Amérique. C'est dans la Maison des esclaves, « *sanctuaire de la douleur noire* », qu'il veut célébrer le cinquième centenaire de la découverte de l'Amérique, selon lui indissociable de la traite négrière. « *Il convient*, dit-il sobrement, *que soit confessé en toute vérité et humilité ce péché de l'homme contre l'homme, ce péché de l'homme contre Dieu.* »

NIGER

« Clé d'interprétation » de son pontificat, le jubilé de l'an 2000 a pu être interprété comme le grand pardon

de l'Église catholique au monde. Selon le vœu de Jean-Paul II, cet événement extraordinaire est célébré simultanément à Rome, en Terre sainte et dans toutes les églises du monde. Cette décentralisation des festivités, qui depuis le premier jubilé de l'Histoire, en 1300, avaient lieu à Rome uniquement, constitue une nouveauté d'importance. Elle témoigne de la volonté du pape de retourner aux sources du christianisme pour mieux préparer l'avenir de l'Église.

Pour célébrer l'année sainte, il se rend en Égypte, en Jordanie et en Israël. Un pèlerinage qui comporte de nombreux écueils diplomatiques. Mais Jean-Paul II veut lui-même montrer aux catholiques du monde entier le chemin de la réconciliation avec leurs « voisins » ; c'est d'ailleurs le sens de l'année sainte : demander pardon et pardonner, effacer les fautes, les dettes et tout ce qui entraverait le bon déroulement du « nouveau printemps de l'Église ».

Le point de départ de son périple en Terre sainte est Bethléem, lieu supposé de la naissance de Jésus. Située dans le désert de Juda, à moins de dix kilomètres de Jérusalem, cette ville autonome palestinienne compte des lieux de culte chrétiens parmi les plus anciens au monde. Pour les Palestiniens, le passage du pape sur leur terre constitue en soi une victoire politique. Leur leader, Yasser Arafat, accueille le souverain pontife à bras ouverts. Dans son discours de bienvenue, Arafat évoque la ville de Jérusalem comme la « *capitale éternelle de la Palestine* ». Deux jours plus tard, les dirigeants israéliens parleront avec la même insistance de Jérusalem, « *capitale éternelle d'Israël* »…

Dans la basilique de la Nativité, à Bethléem, Jean-Paul II bénit la terre que lui présentent des enfants palestiniens dans un plat

Mars 2000 : rencontre de Jean-Paul II et de Yasser Arafat, président de l'Autorité palestinienne à Bethléem, non loin de la basilique de la Nativité.

THE RIGHT OF RETURN IS A SACRED RIGHT
IL DIRITTO AL RITORNO E' SACROSANTO
LE DROIT DE RETOUR EST UN DROIT SACRE'

Devant le mur des Lamentations
Jean-Paul II dépose un billet
renfermant une demande de prière,
un de ces gestes symboliques
qui ont fait de lui un personnage
universellement médiatique.

Pardonner pour vivre en paix

de cuivre. « *On ne peut ignorer la souffrance du peuple palestinien ces dernières décennies,* déclare-t-il après avoir prié dans la basilique de Bethléem. *Elle a duré trop longtemps. Le Vatican a toujours reconnu aux Palestiniens le droit de vivre en paix et en harmonie avec les autres peuples de la région.* » Ces paroles prononcées d'une voix fatiguée, tremblante, sont celles d'un homme qui a éprouvé jusque dans sa chair le sentiment patriotique, en Pologne sous l'occupation nazie et à Rome pendant la domination soviétique des pays de l'Est. Il en connaît aussi les pièges. Dans le camp de réfugiés de Deheishe, il évoque le « *peuple voisin* » pour désigner le peuple juif. À Jérusalem, Jean-Paul II visite le musée de l'Holocauste accompagné d'une centaine de rescapés des camps de la mort. Cette démarche, effectuée dans le silence « *parce qu'il n'y a pas de mots assez forts pour déplorer la terrible tragédie de la Shoah* », marque l'aboutissement

En mars 2000, Jean-Paul II est reçu à Jérusalem par l'ancien Premier ministre de l'État d'Israël, Ehud Barak.

ISRAËL

Pardonner pour vivre en paix

Jean-Paul II à Hamman et au mont Nébo.

d'un long processus de rapprochement avec le judaïsme. Premier pape à s'être rendu à la synagogue de Rome, il est aussi le premier à avoir établi des relations diplomatiques entre le Saint-Siège et Israël. Les grands rabbins Doron Eliyahu et Lau Israël regrettent cependant que le pape ne condamne pas « *l'Église en elle-même* » pour sa responsabilité dans l'Holocauste. Mais sa déclaration à Jérusalem est saluée par l'immense majorité du monde politique et religieux. « *Vous avez fait plus que quiconque pour produire un changement historique de l'attitude de l'Église vis-à-vis du peuple juif* », souligne le Premier ministre israélien Ehud Barak. Jean-Paul II termine son voyage en Terre sainte par un geste d'une haute portée symbolique. Entre les pierres du mur des Lamentations, il glisse une lettre dans laquelle il demande pardon à Dieu pour les souffrances infligées aux juifs. La photo fait le tour du monde. L'État israélien, qui reconnaît la valeur d'un tel geste, décide de faire exposer cette lettre au Mémorial de la Shoah. Devant le mur des Lamentations, Jean-Paul II paraît à bout de forces. Le visage bouffi par les médicaments, le dos voûté, il marche d'un pas lent, trébuche quand il n'est pas soutenu. Mais ce jour-là, le mot que son vieil ami Stefan Wyszynski, l'ancien primat de Pologne, lui avait soufflé à l'oreille vingt-deux ans plus tôt lors de la cérémonie inaugurale de son pontificat : « *Tu seras le pape du IIIe millénaire* », est devenu prophétie. Ce jour-là, plus encore que le jour où il avait solennellement ouvert le jubilé en franchissant la porte sainte de la basilique Saint-Pierre de Rome, le « nouveau printemps » de l'Église a peut-être commencé. Le pape revient au Proche-Orient en mai 2001. En Syrie, il est avant tout venu pour se recueillir sur les lieux où se convertit saint Paul. Mais en pénétrant dans la mosquée des Omeyyades, où il est accueilli par le cheikh Ahmad Kaftaro, Jean-Paul II

JORDANIE

En mars 2000, Jean-Paul II est reçu par le roi de Jordanie, Abddallah II.

Le pape au monastère Sainte-Catherine au mont Sinaï, avec l'archevêque grec-orthodoxe Damianos.

Pardonner pour vivre en paix

SINAÏ

crée un nouveau précédent dans l'histoire de la papauté. Après la communauté juive de Rome, qui était la première, en 1986, a accueillir un pape dans une synagogue, les Syriens sont les premiers musulmans à avoir l'honneur et le courage de recevoir le pape dans leur lieu de culte. Ce dernier n'y prononce pas de discours, mais l'image du chef de l'Église catholique ôtant ses chaussures pour pénétrer dans une mosquée a de quoi faire pâlir les plus farouches opposants au dialogue entre ces deux grandes religions monothéistes.
De concert avec le jeune président Bachar el-Assad, il exhorte les dirigeants de la région à se conduire en hommes de paix. Mais le successeur d'Hafez el-Assad, son défunt père, provoque un tollé de protestations dans la presse étrangère en tenant des propos antisémites dans son discours de bienvenue. Certains ajoutent que le président de la République syrienne a obtenu le passage du pape à Quneitra, une ville détruite par l'armée israélienne en 1974 et transformée par Damas

En mars 2000, le pape préside une célébration au pied du mont Sinaï, lieu où Moïse a reçu les dix commandements.

Pardonner pour vivre en paix

Mai 2001 : voyages à Damas et à Qunaitira, en Syrie.

en « musée des atrocités », en échange de sa visite de la mosquée des Omeyyades. Jean-Paul II, fatigué, avait laissé sans réponse le message hautement controversé de Bachar el-Assad. Mais, au milieu des ruines de Quneitra, il parvient habilement à dépasser la vision d'un camp ou celle d'un autre en s'adressant directement à Dieu pour réitérer son appel à la paix : *« Nous Te prions pour tous les peuples du Moyen-Orient. Aide-nous à faire tomber les murs de l'hostilité, de la division, et à bâtir ensemble un monde de justice et de solidarité. »*
Ce voyage en Syrie est aussi l'occasion de rencontrer les communautés chrétiennes orientales, qui l'accueillent chaleureusement dans la cathédrale orthodoxe de Damas. Le patriarche Ignace IV Hakim, contrairement à la majorité des responsables orthodoxes, apprécie la venue de Jean-Paul II parmi les fidèles de rite oriental : *« Dans notre situation minoritaire, sa visite a beaucoup de signification,* affirme-t-il. *C'est un grand honneur pour nous ! Nous ne souhaitons pas l'accueillir avec une liturgie qui soit froide et impersonnelle ; au contraire, nous voulons faire de cette réception un vrai moment de joie et d'intimité. »* Le pape, pour sa part, poursuit le chemin de l'unité des Églises chrétiennes en admettant devant ses hôtes syriens qu'*« une conversion est également exigée de la part de l'Église latine, afin qu'elle respecte et revalorise pleinement la dignité des Orientaux et qu'elle accueille avec gratitude les trésors spirituels que portent les Églises orientales catholiques au profit de la communion catholique tout entière. »*

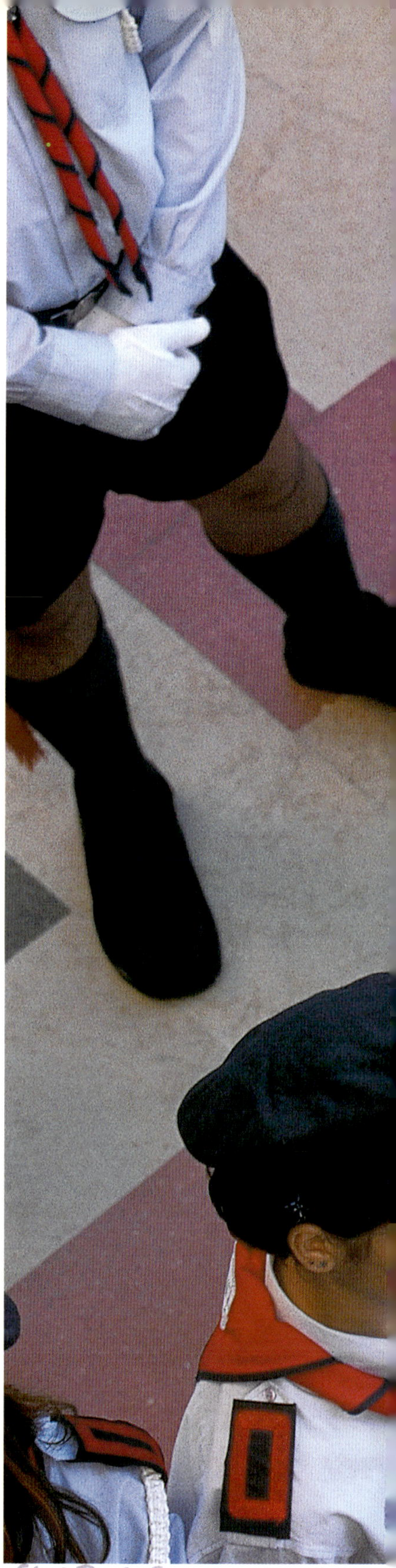

SYRIE

Dans un discours aux Conférences épiscopales d'Asie, le 15 janvier 1995, à Manille,

Jean-Paul II annonce le grand défi de l'Église pour le IIIe millénaire : « *Tout comme au Ier millénaire, la Croix fut plantée sur le sol européen, au IIe millénaire, sur le sol américain et africain, puisse-t-on, au IIIe millénaire, recueillir une grande moisson de foi sur ce continent si vaste et si vivant.* » La mission qu'il confie aux évêques philippins, indiens, japonais et indonésiens est pour le moins ambitieuse : continent le plus peuplé de la planète, l'Asie est aussi le moins christianisé, avec seulement trois pour cent de catholiques. Jean-Paul II avait déjà montré son intérêt pour l'Asie en se rendant aux Philippines en février 1980. Pendant les semaines qui précédèrent son voyage, il avait suivi des cours intensifs de tagalog, le principal dialecte parlé aux Philippines, afin de mieux communiquer avec les fidèles et de montrer ainsi son respect pour leurs cultures traditionnelles. T. Nowakowski, *Destination far East*, Éd. The Sheperd for all people.

La visite est organisée autour de la béatification de Lorenzo Ruiz, un missionnaire philippin supplicié au Japon au XVIIe siècle. Dans le parc Luneta, à Manille, ils sont plus d'un million à assister à la béatification de leur défunt compatriote. L'événement est exceptionnel : jamais auparavant les papes n'avaient béatifié ni canonisé en dehors du Vatican. Comme le prouvent les innombrables béatifications auxquelles a procédé Jean-Paul II (plus de mille au total), promouvoir la sainteté au niveau local est selon lui un excellent moyen pour « *affermir ses frères* » dans la foi. Ceux-ci, en effet, s'identifient plus facilement à des modèles issus de leur propre culture.

Grande parade pour l'accueil de Jean-Paul II à New-Delhi, le 7 novembre 1999.

INDE

Aux quinze millions de catholiques indiens qu'il rencontre en février 1986 Jean-Paul II offre un exemple encore plus frappant de piété et de sacrifice de soi. Mère Teresa, selon lui, est un « *prophète de la Rédemption* ». Pendant une après-midi entière, il visite le mouroir qu'elle a fondé en 1952 au cœur de Calcutta. « *Son service aux plus pauvres des pauvres réalise concrètement le programme messianique de Jésus,* déclare-t-il, *elle a donné au monde une leçon stimulante de compassion et d'amour authentique.* » Mère Teresa, elle, manque s'évanouir quand Jean-Paul II se penche pour l'embrasser. « *C'est le plus beau jour de ma vie* », confie-t-elle à *la Croix*. Le visage ému, les mains jointes, elle accompagne Jean-Paul II dans ce dernier refuge des déshérités de Calcutta. Après avoir tracé un signe de croix sur le front de chaque malade, le pape leur asperge le corps avec l'eau bénite que lui remet Mère Teresa. Cette scène émouvante a cependant éclipsé le premier geste de Jean-Paul II sur le sol indien. Il s'était rendu au mausolée du Mahatma Gandhi pour déposer une gerbe sur la tombe de l'apôtre de la non-violence. Karol Wojtyla avait, dans sa jeunesse, consacré plusieurs articles à ce grand homme de paix.

Quand il retourne en Inde, en 1999, il annonce les conclusions du synode d'évêque consacré à la vie qui s'était tenu à Rome l'année précédente. « *L'Église peut communiquer l'Évangile d'une manière qui est fidèle à la fois à sa propre tradition et à l'âme asiatique* », affirme-t-il à New Delhi, unique étape de son voyage. Les difficultés rencontrées par les catholiques asiatiques, en effet, proviennent du fait que Jésus est souvent considéré comme un étranger et l'Église de Rome associée aux anciennes puissances coloniales. Aussi les Pères du synode doivent-ils tenir compte des « *réalités sociales, politiques, religieuses, culturelles et économiques de l'Asie.* » L'Église en Asie, exhortation apostolique post-synodale, 6 novembre 1999.

INDE

Jean-Paul II dépose une couronne de fleurs sur le mausolée du Mahatma Gandhi.

Dans l'Inde des castes, Jean-Paul II souligne l'exigence du dialogue entre « nos philosophies et nos traditions religieuses ».

Asie, terre de mission

Deux Églises, une Chine et l'avenir

Ces réalités sont particulièrement contraignantes en Chine, où coexistent deux Églises catholiques. D'un côté, les fidèles à Rome, qui doivent vivre leur communion ecclésiale dans la clandestinité, de l'autre, l'Église officielle (ou Association patriotique des catholiques chinois), qui bénéficie de la protection, donc du contrôle, de l'État. Les relations entre le Saint-Siège et la République populaire de Chine ont également souffert d'une faute diplomatique commise par Jean-Paul II en octobre 2000. Le jour même de la fête nationale chinoise, il a béatifié cent vingt martyrs chinois et occidentaux. Pékin y a vu une provocation, rejetant une fois de plus sur le Vatican la responsabilité de la rupture de leurs relations.
Afin de renouer le dialogue, Jean-Paul II a adressé, le 24 octobre 2001, une demande de pardon au peuple chinois pour les torts commis par les missionnaires occidentaux durant l'évangélisation de leur pays. *« Je ressens un regret profond pour les erreurs du passé,* a-t-il déclaré. *Je demande pardon et compréhension à ceux qui se sont sentis*

blessés par ce genre d'actions des chrétiens. » Ce geste était attendu par Pékin. On dit aussi que la transition politique de ce vaste pays, dont la plupart des dirigeants prendront leur retraite en 2002, provoquera un revirement spectaculaire de la situation. Peut-être un jour Jean-Paul II pourra-t-il effectuer un vieux rêve, son dernier grand voyage : un pèlerinage messianique sur la terre de mission de l'Église du IIIe millénaire, la Chine.

En compagnie des missionnaires de « La Charité », fondée par Mère Theresa à Calcutta.

INDE

LOT

*« Beaucoup de gens disent
que le pape voyage trop [...] Je pense
que d'un point de vue humain,
ils ont raison. Mais c'est
la Providence qui nous guide
et elle nous pousse parfois à faire
les choses ad excessum. »*

L'auteur tient tout particulièrement à remercier Jean-Claude Darrigaud pour son aide, ses précieux conseils, et pour la générosité avec laquelle ce prêtre journaliste a accepté de lui confier des informations recueillies au cours de nombreux voyages pontificaux et entretiens avec Jean-Paul II.
Pour son témoignage et ses suggestions, merci également à Laurent Grzibowski, journaliste au magazine *la Vie*.